UNHEILIG

Das Liederbuch

GROSSE FREIHEIT

BOSWORTH Edition
The Music Sales Group
www.bosworth.de

Impressum:

Unheilig - Das Liederbuch - GROSSE FREIHEIT

Copyright © 2010 by Bosworth Music GmbH - The Music Sales Group

Arrangements: Frank Speer
Satz und Layout: Tilo Müller
Fotos: Erik Weiss

Mit freundlicher Genehmigung des Fansation Musikmanagement
www.unheilig.com

BOE7528
ISBN 978-3-86543-595-8

Printed in the EU.

www.bosworth.de

INHALT

Liebe Unheiligfans

Musik ist für mich wie eine eigene Sprache und bietet mir die Möglichkeit, all meine Gedanken, Ängste, Hoffnungen und Wünsche zum Ausdruck zu bringen.

Musik hat mein Leben immer bestimmt und hilft mir, mich in all den verschiedenen Facetten des Lebens zurechtzufinden.

Musik ist ebenso mein treuer Begleiter im Leben. Wie einem guten Freund kann ich der Musik all meine Gedanken, Ängste, Hoffnungen und Wünsche anvertrauen und sie mit ihr teilen.

Musik kann man nicht beschreiben oder erklären - Musik muss man fühlen.

Daher bin ich überglücklich, euch endlich das erste Liederbuch von Unheilig präsentieren zu können, mit dem ihr einen Einblick in meine musikalischen Gedanken bekommt.

Vielleicht sind meine Lieder kleine Inspirationen, die euch auf euren musikalischen Wegen ein wenig begleiten dürfen.

Es wäre mir eine Ehre.

Euer Graf

DAS MEER

Musik: Henning Verlage, Der Graf
Text: Der Graf

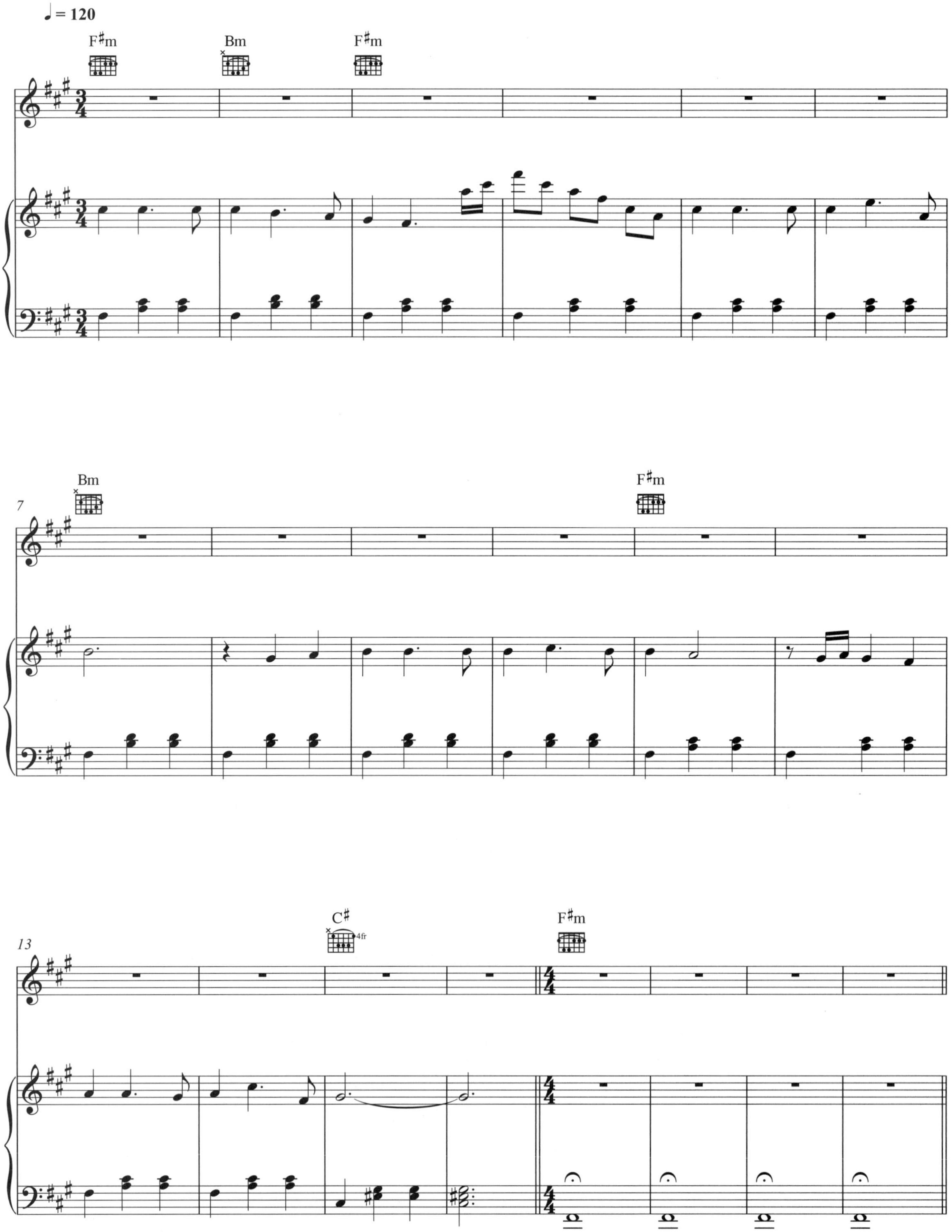

Komm geh mit mir zum Meer,   um auf ein Schiff zu gehn._   Komm geh mit mir zum Meer, um in die Welt zu sehn.__ Komm geh mit mir zum Meer, um mit der Flut zu gehn.__

Komm geh mit mir zum Meer, um in den Sturm zu sehn.__

53
A
B
Komm geh mit mir zum Meer, um mit auf Kurs zu gehn.
Komm geh mit mir zum Meer,
56
F♯m
A
um neu-es Land zu sehn.
Komm geh mit mir zum Meer, um Frei-heit zu ver-stehn.
59
B
F♯m
Komm geh mit mir zum Meer, auch wenn wir un-ter-gehn.
Fer-ne Welt ich kom-me.

Das Meer

Der Titel *Das Meer* stellt das Intro von „Große Freiheit" dar. Er beschreibt den
Moment des Aufbruchs - die Hoffungen, Träume und Ängste, die mit diesem
Moment in Verbindung stehen.
Dieses Lied ist für mich ein Schlüsselsong des Albums, weil es im Grunde
direkt am Anfang von „Große Freiheit" erklärt, wohin die Reise, im wahrsten
Sinne des Wortes, nun gehen wird.
Jedes Album hat eine gewisse Bildsprache. All die vielen Bilder, die entstehen,
wenn man die Augen schließt, während man der Musik zuhört. Das Meer
erweckt diese Bilder vor dem geistigen Auge, sodass die Reise von „Große
Freiheit" nun beginnen kann.

SEENOT

Musik: Henning Verlage, Der Graf
Text: Der Graf

Blit - ze don - nern durch die Nacht. Der Ho - ri - zont__ schlägt auf und ab.

Seil und Tau gräbt sich ins Fleisch, ü - ber mir__ das Him - mel - reich.

12

Auf Ziel vo - raus___ zum hel - len Schein.___ Durch den

Sturm zum Him - mel - reich.___ Ich such die Ster - ne und___ den Mond___ und das Licht am Ho - ri - zont._

Auf gro - ße Fahrt___ zum hel - len Schein.___ Durch den Sturm zum Him - mel - reich.

Ich such die Ster - ne und___ den Mond___ und das Licht am Ho - ri - zont._

Salz und Gicht brennt auf der Haut.__ Stum-me Schrei-e wer-den

laut. Ru-der-kreuz und Un-ter-gang.

Fest im Griff__ von Meer und Mann.

D.S. al Coda

Coda
F♯m A G Em Bm
43
Licht am Ho - ri - zont.
Auf Ziel vo - raus
F♯m G Em D
47
zum hel - len Schein.
Durch den Sturm
F♯m A Bm F♯m G
51
zum Him - mel - - reich.
Em G Em D F♯m A
55

Auf Ziel vo - raus___ zum hel - len Schein.___ Durch den Sturm zum Him - mel - reich.

___ Ich such die Ster - ne und___ den Mond___ und das Licht am Ho - ri - zont.___

Auf gro - ße Fahrt___ zum hel - len Schein.___ Durch den Sturm zum Him - mel - reich.

Ich such die Ster - ne und___ den Mond___ und das Licht am Ho - ri - zont...

Seenot

Der Kampf um das Überleben oder die Angst unterzugehen und damit letztendlich eine Niederlage zu erleben, beschäftigt uns alle jeden Tag. Alles prasselt auf uns ein und versucht mit allen Mitteln, uns den Sturm nicht überstehen zu lassen. Immer mit dem vor Augen, was man sich wünscht und mit der Hoffnung, letztendlich doch an sein Ziel zu gelangen.
Eine gewisse Gewalt verbirgt sich in diesem Lied, dargestellt durch die unvermeidbaren Gezeiten, und die Angst unterzugehen.

Allerdings liegt auch hier eine starke Hoffnung verborgen, die gerade im Refrain des Liedes zu spüren ist. Dort schwebt die Musik und wird sehr tragend. Refrain und Strophen bieten hier ein wahres Wechselspiel an Emotionen.

Bilder eines im Sturm kämpfenden Schiffes, welches nicht vom Kurs abkommen will, werden wach und das krampfhafte Festhalten des Ruders im Kampf gegen eine scheinbar unbändige Macht. Solche Bilder sollen den Zuhörer mit diesem Lied direkt auf das Meer führen und die Angst, womöglich nicht mehr zurückzukehren, illustrieren.

FÜR IMMER

Musik: Henning Verlage, Der Graf
Text: Der Graf

Originaltonart: C#-Moll

♩ = 138

Lyrics:

Nichts ist für im-mer und für die E-wig-keit.____ Träumst du da-von, al-les zu ris-kie-ren? Träumst du?___ Ich träu-me mit. Fühlst du auch, wie un-s're Zeit ver-rinnt?_ Fühlst du?___ Ich füh-le mit.

Weinst du auch, wenn dei-ne Welt zer-bricht? Weinst du?___ Ich wei-ne mit. Brauchst du mich, wenn du am

Ab-grund stehst? Springst du?___ Ich hal-te dich. Nichts ist für im-mer und

für die E-wig-keit.___ (Ich hal-te dich.) Nichts ist für im-mer, nur der Mo-

ment zählt ganz al-lein.___ Glaubst du da-ran, dass wir uns wie-der-sehn?_ Glaubst du?___

Ich glau-be mit. Kämpfst du noch, wenn du am Bo-den liegst?_ Kämpfst du?__ Ich kämp-fe mit.

Hast du Angst, al-les zu ver-lie-ren? Hasst du?__ Ich has-se mit. Brauchst du mich, wenn du nach

un-ten siehst? Springst du?__ Ich sprin-ge mit. Nichts ist für im-mer und

für die E-wig-keit.___ (Ich sprin-ge mit.) Nichts ist für im-mer, nur der Mo-ment zählt ganz al-lein.

Nichts ist für im - mer. Nichts ist für im - mer und für die E - wig - keit.____ Nichts ist für

im - mer, nur der Mo - ment zählt ganz al - lein.____

Brauchst du mich, bei dei - nem letz - ten Schritt? Ich sprin - ge mit,____ ich sprin - ge mit.____

Ich sprin - ge mit.____

Brauchst du mich, bei dei - nem letz - ten Schritt? Nichts ist für im - mer und

für die E - wig - keit.___ (Ich sprin - ge mit.) Nichts ist für im - mer, nur der Mo-

ment zählt ganz al - lein.___ (Ich sprin - ge mit.) Nichts ist für im - mer und für die E - wig - keit.___

___ (Ich sprin - ge mit.) Nichts ist für im - mer, nur der Mo - ment zählt ganz al - lein.___

Nichts ist für im - mer. Nichts ist für im - mer und für die E - wig - keit.

Nichts ist für im - mer. Nichts ist für im - mer, nur der Mo - ment zählt ganz al - lein.

Brauchst du mich, bei dei - nem letz - ten Schritt? Ich hal - te dich.

Für immer

Freundschaft ist ein wichtiges Gut. Im Grunde eines der wichtigsten, die es gibt. Vieles gilt es im Leben zu überstehen. Einfach ist es nie. Allerdings ist es einfacher, wenn man Freunde hat, die durch ihren Beistand dafür sorgen, dass man nicht allein ist und die alles für einen geben, indem sie einfach da sind.

Es fällt immer schwer, bestimmte wichtige Schritte zu tun oder Entscheidungen zu treffen, gerade wenn Angst eine große Rolle dabei spielt.
Für immer handelt von diesem Moment, sich zu überwinden, wenn man weiß, dass man nicht alleine ist und jemand den Weg mitgeht, auch wenn dieser nicht gerade der einfachste ist.
Den letztendlichen Sprung zu wagen, seinem Traum näher zu sein, fällt einfach leichter, wenn jemand da ist, der einen auffängt.
Das kann etwas völlig Belangloses sein. Ob nun eine berufliche Entscheidung oder einfach ein kleiner Wunsch. Wichtig ist, dass man es versucht und nicht so lange wartet, bis es irgendwann zu spät ist. Es fällt einfach alles etwas leichter, wenn man nicht alleine ist.

GEBOREN UM ZU LEBEN

Musik: Henning Verlage, Der Graf
Text: Der Graf

Es fällt mir schwer, oh-ne dich zu le-ben,_ je-den Tag zu je-der Zeit,_ ein-fach al-les zu ge-ben. Ich denk so oft_ zu-rück an das, was war,_ an je-dem so ge-lieb-ten ver-gan-ge-nen_ Tag._ Ich stell mir vor, dass du zu mir stehst, und je-den mei-ner We-ge an mei-ner Sei-te gehst. Ich den-ke an___ so vie-les, seit

dem du nicht mehr bist,___ denn du hast mir ge-zeigt,___ wie wert-voll das Le-ben ist.

Wir warn ge-bo-ren um___ zu le-ben,___ mit den Wun-dern je-ner Zeit._____ Sich nie-mals zu ver-ges-

-sen, bis in al-le E-wig-keit.___ Wir warn ge-bo-ren um___ zu le-ben,___ für den ei-nen Au-gen-blick, bei dem je - der von uns spür - te_____ wie wert - voll Le - ben_____ ist.

Es tut noch weh, wie - der Neu - em Platz zu schaf - fen. Mit gu - tem Ge - fühl,___ et - was

Neu - es zu - zu - las - sen. In die - sem Au - gen - blick,_ bist du mir wie - der nah,_____ wie an

je - dem so ge - lieb - ten ver - gan - ge - nen Tag___ Es ist mein Wunsch, wie - der

Träu-me zu er-lau-ben,___ oh-ne Reu-e nach vorn___ in ei-ne Zu-kunft zu schaun. Ich se-he ei-nen Sinn,_ seit-

dem du nicht mehr bist.___ Denn du hast mir ge-zeigt,___ wie wert-voll mein Le-ben ist.

D.S. al Coda

𝄋 *Coda*

ist. Wie wert-voll Le-ben___ ist. Wir warn ge-bo-ren um___ zu

le-ben,___ mit den Wun-dern je-ner___ Zeit.___ Ge-bo-ren um___ zu le-ben.

Wir warn ge-bo-ren um__ zu le - ben,__ mit den Wun-dern je - ner Zeit._____ Sich nie-mals zu ver-ges

- sen,__ bis in al - le E - wig-keit.____ Wir warn ge-bo-ren um__ zu le - ben,__ für den ei - nen Au-gen-blick,

__ bei dem je - der von uns spür - te___ wie wert - voll Le - ben ist. Wir warn ge-bo-ren um__ zu le -

- ben,____ mit den Wun-dern je - ner Zeit._____ Sich nie-mals zu ver-ges - sen,__ bis in al - le E - wig-keit.

Wir warn ge-bo-ren um zu le - ben, für den ei - nen Au - gen - blick,

bei dem je - der von uns spür - te wie wert-voll Le - ben ist.

Wir warn ge - bo - ren um zu

le - ben.

repeat ad lib. and fade out

Geboren um zu leben

Wie es ist, einen geliebten Menschen zu verlieren, erleben wir alle leider immer wieder. Dieses Lied beschreibt, was danach passiert. All die Gedanken und Gefühle, wieder in eine gewisse Normalität zurückzukehren und mit dem, was erlebt wurde, klarzukommen.
Ebenso einen Sinn darin zu finden und trotz aller Umstände wieder nach vorne schauen zu können, war für mich persönlich auch das Maßgebliche an diesem Lied.

Für mich war *Geboren um zu leben* zu schreiben ein reinigender Prozess. All meine Gedanken und Gefühle, die in mir verborgen waren, konnte ich damit aufarbeiten. Das Schreiben dieses Liedes hat mir geholfen mit dem Leben so wie es ist zurechtzukommen. Ich habe dadurch meinen Platz gefunden und kann so die Dinge akzeptieren wie sie eben sind und wieder Freude am Leben haben.

ABWÄRTS

Musik: Henning Verlage, Der Graf
Text: Der Graf

Originaltonart: Eb-Moll

Das E - cho - lot geht auf die Jagd._

Der letz - te Mann ist auf - ge - wacht._

17 Gm / F / A

Ein Feu-er-sturm fällt aus dem Tag.___ Das Boot schraubt sich so tief hi-nab.___

21 Dm / F / Am / Gm / Dm

Tief. Kei-ne We-ge, die mich füh-ren. Tief. Kein Kreuz wird mei-nes sein. So tief. Kei-ne Son-ne

26 F / Gm / A / B♭ / Dm / F

wird sich zei-gen. Tief. Kein Licht das mir er-scheint. So tief. Kei-ne Na-men, die ver-ges-sen. Tief. Kein Weg kann

32 C / B♭ / A / C   *To Coda* ⊕

wei-ter sein. So tief. Kei-ne Hel-den wer-den sie-gen. Tief. Ab-wärts bis zum letz-ten Mann. So

39

Dm
37
tief.
43
Dm
Der letz - te Kurs führt aus dem Tag.
48
Die Bol - zen schla - gen durch die Nacht.
Gm
F
A
53
D.S. al Coda
Der A - tem stockt im Fluch der Zeit.
Die kal - te See so tief und weit.

Coda
Dm F Am Gm Dm F
57
tief. So tief.
Gm A B♭ Dm F
63
Tief.
C B♭ A C
68
So tief. Ab - wärts bis zum letz - ten Mann.
Dm F Am Gm Dm
73
Tief. Kei - ne We - ge, die mich füh - ren. Tief. Kein Kreuz wird mei - nes sein. So tief. Kei - ne Son - ne

letz-ten Mann. So tief.

Tief.

So

tief.

Tief.

So tief.

Abwärts

Das Spiel mit Worten, die die Seefahrt und alles was mit Sturm, Untergang und Kampf zu tun hatte, stand bei diesem Lied für mich im Vordergrund. Kraft spielt hier wohl auch eine große Rolle sowie die Angst davor, in Vergessenheit zu geraten und nie wieder aus den Tiefen des Ozeans zurückzukehren.

Das Hören dieses Liedes macht einfach Spaß und zaubert jedes Mal ein Lächeln auf meine Lippen. Da bleibt kein Fuß still stehen, die Bewegungen kommen hier ganz von allein.
Solch ein Lied wollte ich immer schon mal machen und ich bin froh, dass das bei diesem Album nun gelungen ist.

HALT MICH

Musik: Henning Verlage, Der Graf
Text: Der Graf

♩ = 69

Das Se-gel vor dem Wind, den Blick auf Ziel___ nach Ster-nen.

Der Erd-ball dreht sich mit der Flut,___ In die-sem Au-gen-blick___ bleibt nur das, was wich-tig ist.___

Es tut so gut,___ dich an - zu-sehn.___ Halt mich. Komm lass mich nicht mehr los, auch wenn die Welt___ still steht.

13 Bm F#m D A G Bm D A

Komm halt mich wei-ter fest, be-vor du wie-der gehst. Komm lass mich nicht mehr los, auch wenn wir un-ter-

To Coda ⊕

17 G F#m A Bm F#m

- gehn. Bis wir uns wie-der-sehn. Halt mich. Die Son-ne fällt hi-nab

21 D A Bm F#m D A Bm F#m

und wiegt den Wel-len-schlag. Ein Ho-ri-zont zer-fließt in rot. Es ist so lan-ge her.

25 D A G F#m A *D.S. al Coda*

War ich je so nah bei dir? Ich hab es mir oft so ge-wünscht. Halt mich.

47

Coda

Die gan-ze Welt dreht sich noch wei - ter,___ auch wenn es uns nach un - ten zieht.___ Der Ho - ri-zont trägt wei - ter Far

- ben,___ bis die Son - ne un - ter - geht.___ Ich denk so oft an das,___ was war,___ vie - les da - von wird__ mir klar.

___ Denn im - mer dann, wenn et - was geht,___ spürst du das,___ was wich - tig ist.___ Halt mich.

Komm lass mich nicht mehr los, auch wenn die Welt___ still steht. Komm halt mich wei - ter fest,

be - vor du wie - der gehst.___ Komm lass mich nicht mehr los, auch wenn wir un - ter -

- gehn.___ Bis wir uns wie - der - sehn.___

Halt mich

Wir alle versuchen uns immer so darzustellen, dass wir möglichst unantast-
bar sind, um wenig Angriffsfläche oder Verletzlichkeit zu bieten. *Halt mich*
beschreibt jenen Moment, wo all diese Dinge in den Hintergrund geraten, da
das Bewusstsein erwacht, wie schön es ist sich jemandem hinzugeben ohne
sich verstellen zu müssen. Einfach fallen lassen und genießen und die Augen
schließen.

Ich finde, der Song trägt den Zuhörer wunderbar hinweg. Im Grunde so, als
wenn man im Meer schwimmt und sich von den Wellen treiben lässt.

Das Lied handelt für mich von Vertrauen und Zuversicht, dem Moment voll
reiner Emotion, nicht einsam zu sein.

UNTER FEUER

Musik: Henning Verlage, Der Graf
Text: Der Graf

Originaltonart: Bb-Moll

♩ = 138

Un-ter Feu-er, un - ter Feu-er.___

Un-ter Feu-er, un - ter Feu-er.___

52

Aus den Kes-seln

schlägt das Feu - er,___ dreht sich in den Stahl hi - nein.___ In den Kol-ben schreit und

beißt die Luft,___ treibt im Sturm die Tur - bi - nen an.___ An den Hän - den reißt und

kämpft das Ru - der, gräbt sich tief ins Fleisch hi - nein.___ Schwar - zer

Rauch schraubt sich zum Him-mel hoch,___ auf der See ein A - sche - kleid.

Am   Em   D   C
Un - ter Feu - er, un - ter Feu - er.___ Aus der Lun - ge brennt___ die Luft.

Am   Em   D   C
Un - ter Feu - er, un - ter Feu - er.___ Kal - ter Schweiß schlägt auf die Brust.

Am   Em   D   C
Un - ter Feu - er, un - ter Feu - er.___ Will ich auf das En - de sehn.___

Un - ter Feu - er, un - ter Feu - er.___ Im Blitz und Don - ner___ un - ter gehn.

peitscht der Druck, presst sich in die Oh - ren ein.___ Koh - len - staub zer - frisst___ den

Aus den Schot - ten

star-ren Blick.__ Ein Mo - tor gräbt die Schrau-be ein.__ Vor dem Bug hebt

sich das Meer,__ schwar-zer Stahl taucht tief hi - nein.__ Der

D.S. al Coda

Kiel zer-reißt__ die kal-te See__ und hebt sich in den hel-len Schein.

Coda

Im Blitz und Don-ner__ un - ter gehn.__ Un - ter Feu-er, un - ter Feu-er.__

Aus der Lun - ge____ brennt die Luft. Un -ter Feu - er, un - ter Feu - er.____ Kal - ter Schweiß schlägt auf die

Brust. Un - ter Feu - er, un - ter Feu - er.____ Will ich auf das En - de sehn.____

Un - ter Feu - er, un - ter Feu - er.____ Im Blitz und Don - ner____ un - ter- gehn.____

Am   Em   D   C

Un - ter Feu - er, un - ter Feu - er.____ Aus der Lun - ge brennt____ die Luft.

Un - ter Feu - er, un - ter Feu - er.____ Kal - ter Schweiß schlägt auf die Brust.

Un - ter Feu - er, un - ter Feu - er.____ Will ich auf das En - de sehn.__

Un - ter Feu - er, un - ter Feu - er.____ Im Blitz und Don - ner___ un - ter gehn.

Un - ter Feu - er, un - ter Feu - er.____

Un-ter Feu-er, un - ter Feu-er.___ Un-ter Feu-er, un - ter Feu-er.___

Will ich auf das En-de sehn. Un-ter Feu-er, un - ter Feu-er.___ Im Blitz und

Don-ner___ un - ter-gehn.___

Unter Feuer

Stampfende Kessel, Hämmern, Öl, Qualm und Rauch. Bestimmte Bilder passen
einfach wunderbar zu der Thematik der Seefahrt. *Unter Feuer* ist eines der
Lieder, die damit in meisterlicher Weise spielen, so dass es einem beim Hören
einfach nur so um die Ohren fliegt.
Das Lied ist klar auf Rhythmus und Musik ausgelegt, im Einklang mit all
diesen Bildern.
Grundgedanke und Inhalt des Liedes ist es, dass man manchmal einfach an
seine Grenzen gehen muss, um vielleicht über sie hinaus schauen zu können
und voranzukommen.
Dieser Kampf gegen sich selbst steht bei *Unter Feuer* im Vordergrund.

GROSSE FREIHEIT

Musik: Henning Verlage, Der Graf
Text: Der Graf

Du bist ein Kind der See___ und die Welt liegt dir zu Fü - ßen.___

Dein Ho - ri - zont er - wacht_____ und die Nacht lebt wie der Tag___ Dein Stern steht ü - ber mir___ zwi - schen

62

Him-mel und dem Meer. Im Puls-schlag der Ge-zei-ten führst du mich zu dir. Ich denk so-

oft zu-rück an dich, als du mein Zu-hau-se warst. Setz ich mei-ne Se-gel, bist du für mich da.

Oh, Gro-ße Frei-heit, ich hab mich nach dir ge-sehnt. Du hast dich in mein Herz ge-

träumt, es ist schön dich wie-der-zu - sehn. Gro-ße Frei-heit, ich hab mich nach dir ge-sehnt.

Du hast dich in mein Herz ge-träumt, es ist schön dich wie-der-zu - sehn. In dei-ner Ur-kraft liegt es,

durch den Sturm zu gehn. Im nor-disch stil-len Stolz je-de Flut zu ü-ber-stehn.

Ich denk so oft zu-rück an dich, als du

mein Zu-hau-se warst. Setz ich mei-ne Se-gel, bist du für mich da.

To Coda ✛

D.S. al Coda

64

Coda

träumt, es ist schön dich wie-der-zu - sehn.

Oh,_____ Gro - ße Frei-

- heit, ich hab mich nach dir____ ge - sehnt.____ Du hast dich in mein___ Herz ge - träumt, es ist schön dich wie-der-zu -

- sehn.____

Große Freiheit

Dieser Song ist in Erinnerung an die schöne Zeit entstanden, die ich damals in Hamburg verbracht habe. Ich habe mehrere Jahre meines Lebens dort gelebt und dort meine ersten musikalischen Schritte gemacht. Ich kehre immer wieder gerne dorthin zurück, da es für mich eine wichtige Zeit meines Lebens war. Ich verbinde mit dieser Stadt immer ein Stück Heimat und widme ihr daher dieses Lied.

ICH GEHÖRE MIR

Musik: Henning Verlage, Der Graf
Text: Der Graf

Originaltonart: C#-Moll

♩ = 146

Ver - giss mich. Sag le - be - wohl zu mir.__ Ich will dich ein - fach nicht__ mehr sehn.

Ich war glück - lich. Ich hab ge - dacht, du wärst fort.__ Wa - rum kommst__ du? Du woll - test doch gehn.__ Ich will nicht. Ich will nicht hö-ren, was du denkst und wie schein-bar schlecht du mich siehst.___ Es ver-letzt mich, wenn du

al-les zer-reißt,___ nur weil ich nicht so bin,___ wie du mich willst. Glaub mir, ich ach-te mich___ und werd mein

Le-ben wei-ter le-ben, und nicht Träu-me we-gen dir ü-ber-sehn.___ Ich ver-ges-se dich.___ Ich sa-ge

dir le-be-wohl___ und kann mit Stolz in den Spie-gel sehn. Ich ge-hör___ nur mir.___

Ich ge-hör___ mir ganz al - lein.___ Und das wird

nie - mals___ an - ders sein.___ Ich ge - hör___ nur mir.___ Ich ge - hör_

___ mir ganz al - lein.___ Und wer - de nie - mals___ wie du sein._

Du be - trügst dich. Du siehst nur das, was du willst,___ so dass die

Wahr-heit chan-cen-los ist.____ Du glaubst nicht, ich hab mir mein Glück ver-dient,__ auch wenn du

sel-ber nie-mals__ glück-lich bist. Du brauchst mich. Du lenkst nur da-von ab,__ um zu ver-

schlei-ern, wie schwach du wirk-lich____ bist. Du be-lügst dich, wenn du sagst: Ich gönn es dir,__ ob-wohl du

weißt, dass das ge-lo-gen ist.____ Träu-me sol-len Se-gel sein.____ Sie zei-gen dir,__ wo - hin es geht.___ Ich sa - ge dir jetzt le - be - wohl,___ weil du sie nicht___ mehr

siehst.___

Ich ge - hör___ nur mir.___

Ich ge - hör___ mir ganz al - lein.___ Und das wird

niemals___ an-ders sein.___ Ich ge-hör___ nur mir.___ Ich ge-hör_

mir ganz al-lein.___ Und wer-de nie-mals___ wie du sein.___

Ich gehöre mir

Es gibt oft Situationen im Leben, wo alles auf einen niederprasselt. Immer
dann, wenn andere Menchen zu wissen glauben, was wichtig und richtig für
jemand anderen ist. Sie versuchen ihre Meinung zum Gesetz zu machen,
indem sie anderen Menschen ihre Meinung aufzuzwingen.

Es beginnt immer damit, dass sie es nur gut meinen. Allerdings stets mit
dem eigenen Vorteil vor Augen und nicht in der Lage, sich selbst einzuge-
stehen, dass sie nicht absolut im Recht sind.
Manchen Leuten fällt es einfach schwer, andere Lebensweisen oder Entscheidungen zu akzeptieren. Sie verurteilen Handeln und Verhalten anderer,
indem sie sagen, dass es falsch sei. Allerdings nur mit einer rein emotionalen
Begründung, ohne letztendlich einen wirklich objektiven Grund zu nennen.

Obwohl kaum Hintergrundwissen vorhanden ist, wird immer wieder über
andere gerichtet und es werden einfach Dinge behauptet, lediglich um andere
zu verletzten.
Dieser Song handelt davon, sich trotz allem nicht beirren zu lassen und
seinen Weg einfach immer weiter zu gehen, auch wenn es für andere nicht
nachvollziehbar ist.

Einfach weitergehen und nicht aufgeben.

HEIMATSTERN

Musik: Henning Verlage, Der Graf
Text: Der Graf

Ich seh dich an seit Stun-den und denk da-rü-ber nach,___ was du mir be-deu-test, was du

76

bist___ und warst...

Bist du mei - ne Hei - mat?

Bist du mein Zu - haus?

Wür - de ich dir fol - gen?

Schau ich zu dir auf?___

Dein Ho - ri - zont trägt Trau - er,

mein gan - zes Le - ben lang.

Dein Herz lag un - ter Feu - er,

bis es dann zer - brach.

Schuld ist ei - ne Kro - ne,

die du e - wig trägst___

und auch für al - le Zeit___

an mich wei - ter gibst.__ Oh,_____ du tust mir manch - mal weh.__

Trotz - dem__ ist es schön, dich ein - fach an - zu - sehn.__ Oh,_____ ganz e-

-gal, wo - hin ich geh,___ ich freu mich im - mer wie - der, zu - rück zu dir__ zu gehn.

37
A♭ E♭/B♭ Cm Gm/B♭ A♭ E♭/B♭ Gm B♭
41
Cm A♭ E♭ Gm Cm A♭
Ich muss-te vie-les ler-nen, um zu ver-stehn, wie du bist.__ Den-ke ich da-ran,__ bist du mir
44
E♭ Gm/B♭ A♭ E♭/B♭ Cm Gm/B♭
fremd, ich er-kenn dich nicht. Wo-rin liegt die Wahr-heit? Will ich sie ver-stehn?
47
A♭ E♭/B♭ Gm B♭
D.S. al Coda
Ich wer-de da-mit le-ben und mit dir nach vor-ne sehn.

Oh,_____ ganz e - gal, wo-hin ich geh,___ ich freu mich im-mer wie-der,

zu-rück zu dir___ zu gehn.

Heimatstern

Ich habe mir bei fast jedem vorherigen Album oft vor-
genommen ein Lied zu schreiben, das sich mit meiner
Heimat befasst. All den Fragen, die ich mir immer wieder
stelle in meinem Leben, einmal auf den Grund gehen zu
können und sie vielleicht in einem Lied zu beantworten.
Bei diesem Album war ich wohl endlich soweit, dies zu
tun.

Wir alle haben viele Fragen, denke ich, wenn es darum
geht über unsere Heimat zu urteilen oder nachzudenken.
Sind wir hier zuhause? Sind wir glücklich? Sind wir stolz?
Kommen wir gerne wieder zurück, wenn wir weg waren
und was löst das in uns aus?
Ist die Heimat wirklich nur unsere Heimat und lieben wir
sie vielleicht sogar?

STERNBILD

Musik: Henning Verlage, Der Graf
Text: Der Graf

Den Berg aus Stahl er-klom-men, das Boot legt ab. Die Bli-cke sind ge-fan-gen, wir bre-chen auf zum O-ze-an.__

Die Ster-ne füh-ren uns,__ sie leuch-ten aus der Nacht. Schwar-ze A-sche wiegt die See,__ es geht vo-ran im Kol-ben-schlag.

84

Ein Horn zer-reißt die Stil-le, die Tau-e fal-len ab.__ Der Bug hebt sich zum Him-mel hoch_ und Rü-cken-wind_ er-wacht.

Hin-ter mir die Hei-mat,_ die im Ho-ri-zont_ er-lischt, doch im Her-zen dei-ne Stim-me, die mir sagt, kehr bald zu-rück.__

Ich se-he so oft in den Him-mel, such in Wol-ken dein Ge - sicht.

Viel-leicht ist Ab-schied ei - ne Rei - se, die ein Wie-der-sehn ver - spricht.

Ich hö-re so oft dei-ne Stim-me, auch wenn ich weiß, du bist es_____ nicht.

Viel-leicht ist Lie-be wie ein Stern - bild, das mir sagt ich füh-re_____ dich. Ver-giss mich_____

nicht,   oh._____   Ver-giss mich_____   nicht,   oh._____

So viel Er-in-ne-rung_ lass ich hin-ter mir__ zu-rück,_ es wird so viel da-von ver-blas-sen, au-ßer dem, was wich-tig ist.__

D.S. al Coda

Vor mir die Stil-le, ein un-be-kann-tes wei-tes Nichts, doch im Her-zen dei-ne Stim-me, die wie ein Stern-bild für mich_ ist.

Coda

Dm

Ver - giss mich__

__ nicht,

87

Sternbild

In der Navigation sind die Sterne nicht wegzudenken. Alles basiert auf
Himmelsrichtungen und Wegweisungen der Sterne. Ohne sie findet man
nicht den Weg zurück zu dem Ort, von dem man herkommt.
Allerdings muss es nicht das wortwörtliche Sternbild sein, welches den Weg
in die Heimat weist, egal an welchem Ort der Welt man sich befindet. Dies
kann auch ein Mensch oder eine schöne Erinnerung sein, die einem immer
wieder den Weg zum Wesentlichen zurück weist.

UNTER DEINER FLAGGE

Musik: Henning Verlage, Der Graf
Text: Der Graf

Komm setz dich___ zu mir,___ er-zäh-le mir von dir.___ Ich hab so oft da-ran___ ge-dacht, dich so vie-les zu fra-gen. Er-zähl mir dei-nen Traum vom Glück,___ was war dein schöns-ter Au-gen-blick?___

Sag, bist du stolz auf das, was ist___ und die ver-gan-ge-nen Jah - re?

Oh - ne dich wär ich___ nicht.___ Ich bin___ un - ter dei - ner

Flag - ge. Dei - ne Lie - be ist___ mein Schild.___ Un - ter dei - ner Flag - ge, dei - nen Na-

- men trägt___ der Wind.___ Un - ter dei - ner Flag - ge, dei - ne Lie - be ist___ mein___

Wort.____ Un-ter dei-ner Flag-ge trägst du mich,____ zu je-dem

Ort. Komm, geh ein klei-nes Stück mit mir,____

er-zäh-le mir noch mehr von dir.____ Ich hab es mir so oft____ ge-wünscht, dich so vie-les zu fra-

gen. Wo-her nimmst du die Kraft,____ im-mer nach vor-ne zu sehn?____ Wie ein Lö-we zu kämpfen und in die Zu-kunft zu gehn? Und zu mir zu stehn?

Oh - ne dich wär ich nicht. Ich bin

un-ter dei-ner Flag-ge. Dei-ne Lie-be ist mein Schild. Un-ter dei-ner

Flag-ge, dei-nen Na-men trägt der Wind. Un-ter dei-ner Flag-ge, dei-ne

Lie - be ist mein Wort. Un - ter dei - ner Flag - ge, trägst du mich,

zu je - dem Ort.

Dei - nen Na - men trägt der Wind. Un - ter dei - ner Flag - ge, dei - ne

Lie - be ist mein Wort. Un - ter dei - ner Flag - ge, trägst du mich, zu je - dem

C
Am
C
100
Ort.
Komm, setz dich zu mir,
Am
F
106
ich bin so gern bei dir.
Ich hab so oft da-ran ge-dacht,
G
F
G
110
dir das ein-mal zu sa-gen:
Oh-ne dich wär ich nicht.
C
115
Ich lie-be dich!

Unter deiner Flagge

Wir alle haben einen Menschen, der uns etwas bedeutet. Sei es ein guter
Freund oder gar ein Familienmitglied oder vielleicht auch ein Elternteil, zu
dem man aufschaut und den man einfach liebt.
Bewunderung für das Erreichte und die Weisheit, oft auf viele Fragen eine
Antwort zu haben und die Gewissheit, immer wieder Schutz bei diesem
Menschen zu finden, war der Grundgedanke für mich bei diesem Lied. Daher
widme ich es meiner Mutter.

Ich mache nun schon viele Jahre Musik und habe ihr so viel zu verdanken,
dass es für mich an der Zeit war, ihr einfach einmal Danke zu sagen.

FERNWEH

Musik: Henning Verlage, Der Graf
Text: Der Graf

Originaltonart: C#-Moll

Fer-ne

Welt ich kom-me, ich kann dei-ne Lich-ter sehn. Ich hab so oft da-von ge-träumt,

dich aus der Fer-ne zu sehn. Ich seh den Him-mel Ster-ne trag-en, und spür das

spä-te Son-nen-licht, ich hör die Wel-len Kro-nen schla-gen, wenn Flut die Strö-mung bricht.

98

Ich dreh das Ru-der Rich-tung Nor - den, dort wo die Ster-ne im-mer stehn. Und lass den

Wind die Se-gel tra - gen, auch wenn die Son-ne un-ter-geht.

Und ich such im___ Ho-ri-zont___ nach dir.___ Fer-ne Welt ich kom-me, ich kann dei-ne

Lich-ter sehn.___ Ich hab so oft da-von___ ge-träumt,___ dich aus der Fer - ne___ zu sehn.

Ferne Welt ich komme, ich kann deine Himmel sehn. Ich hab so
oft davon geträumt, an deinen Ufern zu stehn. Ich hab die
Welt für dich gebogen, um ganz nah bei dir zu sein. Ich hab die Nacht ins Licht gezo-
-gen, an dich gedacht, zu jeder Zeit. Ich dreh den Kompass Richtung Hoff-

59
C G D F C
- nung, und zieht die Flut mich auch zu - rück, kämpf ich, bis der Wind sich dreht, ver - trau - e
64
Em F G Em G
D.S. al Coda
wei - ter auf mein Glück. Und ich such im Ho - ri - zont nach dir.
Coda
69
B♭ Dm F
Ich seh den Him - mel und die Ster - ne. Und su - che je - der Zeit nach dir.
73
C G Am C
Ich schau - e wei - ter in die Fer - ne, und stell mir vor du bist bei

Fer-ne Welt ich kom-me.

Fer-ne Welt ich kom-me.

Fer-ne Welt ich kom-me, ich kann dei-ne Lich-ter sehn. Ich hab so oft da-von ge-träumt, dich aus der Fer-ne zu sehn. Fer-ne Welt ich kom-me,

ich kann dei-ne Him-mel sehn. Ich hab so oft da-von ge-träumt, an dei-nen

U-fern zu stehn.

Fernweh

Das Sinnbild des Albums wird hier beschrieben. Auf eine Reise zu gehen und ferne Welten zu entdecken und all die Widrigkeiten auf sich zu nehmen, ohne zu wissen, was einen erwartet, wenn das Ungewisse entdeckt wird. Immer den Wunschtraum vor Augen, wie die neue, ferne Welt nun letztendlich wirklich sein könnte.

In diesem Lied kehrt auch der Satz „Ferne Welt, ich komme", welcher im Intro *Das Meer* zu hören war, zurück und läutet somit das baldige Ende der Reise von „Große Freiheit" ein, da bald *Neuland* in Sicht ist.
Dieser Song handelt davon, sich trotz allem nicht beirren zu lassen und einen Weg einfach immer weiter zu gehen, auch wenn es für andere nicht unbedingt nachvollziehbar ist.

SCHENK MIR EIN WUNDER

Musik: Henning Verlage, Der Graf
Text: Der Graf

Originaltonart: Bb-Moll

♩ = 139

Ich wür-de gern die Welt ver - stehn, oh-ne Angst nach vor-ne sehn.

Ich wür-de gern so vie-les glau - ben und oh-ne Furcht ganz blind ver-traun.

Ich wür-de gern ei - ne

Welt auf - baun___ und vol-ler Stolz_ in die Zu-kunft schaun.

Ich wür-de gern mein Le-ben le - ben, glaub mir, da-für würd ich

al-les ge - ben. Schenk mir ein Wun - der, sag mir, dass es sie noch gibt.

Schenk mir ein Wun - der, folgt auf Schat - ten wirk - lich Licht,

ich wünsch es mir._____ Schenk mir ein Wun - der,

ich wünsch es mir._____ Schenk mir ein Wun - der,

ich wünsch es mir.____ Ich wür - de ger - ne die Wahr - heit sehn____

66

und je-de Lü-ge___ ü-ber - stehn.___

Dm   **Em**   **G**   *D.S. al Coda*

71

Ich wür-de gern mei-ne Träu-me le - ben,   glaub mir, da-für würd ich al - les ge - ben.

⊕ *Coda*

Am   **F/A** **Em/A** **Am**

75

Ich wür-de gern ein-mal

C **Em/B** **Em**   **G** **Bdim**

84

blind ver-traun___   und der Furcht ins Au-ge schaun.

Schenk mir ein Wun - der,

ich wünsch es mir._____ Schenk mir ein Wun - der, ich wünsch es mir.

Sag mir, dass es sie noch gibt.____ Schenk mir ein Wun - der, folgt auf Schat - ten wirk - lich Licht,___ ich wünsch es mir.___

Schenk mir ein Wun - der, ich wünsch es mir.___

Schenk mir ein Wun - der, ich wünsch es mir.___

Schenk mir ein Wunder

Die Frage, was wäre wenn, stellen sich viele Menschen immer wieder. Was allerdings würde passieren, wenn man bestimmte Wünsche frei hätte, welche auch in Erfüllung gehen würden? Was wäre, wenn all die emotionalen Ängste sich letzten Endes auch erfüllen würden?
Was wünschst du dir?

AUF KURS

Musik: Henning Verlage, Der Graf
Text: Der Graf

Die Son-ne scheint, die See liegt still,___ das Ru-der dreht ge-gen Flut und Wind.___

Der Him-mel fern,___ er-hebt sich zum Tag.___ Die Sicht ist weit, frei und klar.___ Die

Nau-tik auf___ Neu-land, ge-o-gra-fisch zen-triert. Ge-gen je-de Angst, Un-ge-wiss-heit kal-ku-liert.___ Fern der Hei-

-mat und dem Herz, das sehn-lichst ver-misst___ und doch im Sturm___ ganz nah bei mir ist.___

Al-les was___ ich will, al-les was___ ich hab, tra-ge ich in mir,___

auch dort wo ich noch nie_____ war. Al-les was ich bin,___ al-les was___ ich war,

nehm ich mit auf Kurs,___ dort-hin wo ich noch nie_____ war.___

Wir sind auf Kurs. Auf Kurs. Wir sind auf_

Kurs.

Je-der Mensch, der mich stützt und führt,___

selbst-er-wählt zu ge-ben, auch wenn er al-les ver-liert,___ für den Stolz und die Hoff-nung und dem Stre-ben nach Glück,

auf zu neu-en U-fern, oh-ne ei-nen Blick zu-rück.___ Hö-re in___ die Welt___ zwi-schen Brei-te und___ Grad,

zwan-zig-tau-send Mei-len hin-ter Nacht und Tag.___ Auf der Su-che nach___ Be-stim-mung, dem un-ent-deck-ten Land, be-deu - tet je - ner Traum viel - leicht auch Un - ter - gang.

In je - ner stil - len Stun - de, je - nem kal - ten Au - gen - blick,

wenn dein Puls ge - friert und es dich nach un - ten zieht, ist der Weg zu En-

- de, und all das Ja - gen nach dem Glück. Musst du tun, wo - ran du glaubst, da - mit du

103
Dm
B♭
Gm
weißt, wer du wirk-lich bist.
B♭
Dm
B♭
F
C
B♭
110
Al-les
116
Gm
Dm
C
B♭
Gm
A
was ich bin, al-les was ich war, nehm ich mit auf Kurs, dort-hin wo ich
122
C
Dm
B♭
Gm
B♭
Dm
noch nie war. Al-les was ich will, al-les was ich hab, tra-ge

Lyrics:

128
ich in mir,___ auch dort wo ich noch nie_____ war.___ Al - les was ich bin,___

133
al - les was___ ich war, nehm ich mit auf Kurs,___ dort - hin wo ich noch nie_____

139
___ war.___ Wir sind auf Kurs. Auf

143
Kurs. Wir sind auf_____ Kurs.

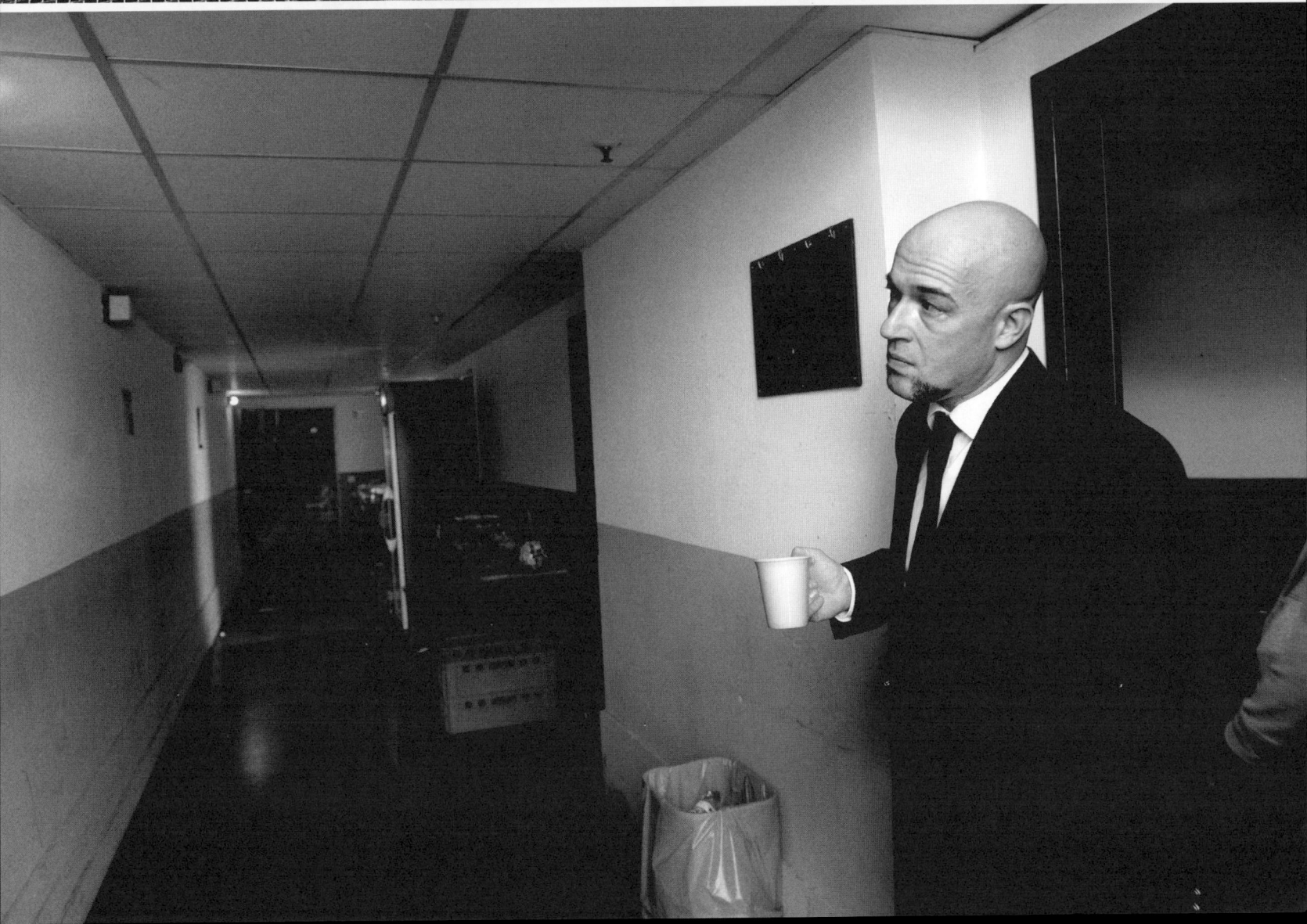

Auf Kurs

Der Grundgedanke dieses Liedes liegt darin, den Kurs zu beschreiben, den man selbst beschreitet. Dies kann ein Weg sein, der gegangen wird oder auch eine Entscheidung mit all ihren Facetten.

Grundsätzlich zählt das, was man selbst darin sieht, nachdem man eine bestimmte Richtung im Leben eingeschlagen hat. Der Weg ist das Ziel, mit all seinen schönen Momenten.

NEULAND

Musik: Henning Verlage, Der Graf

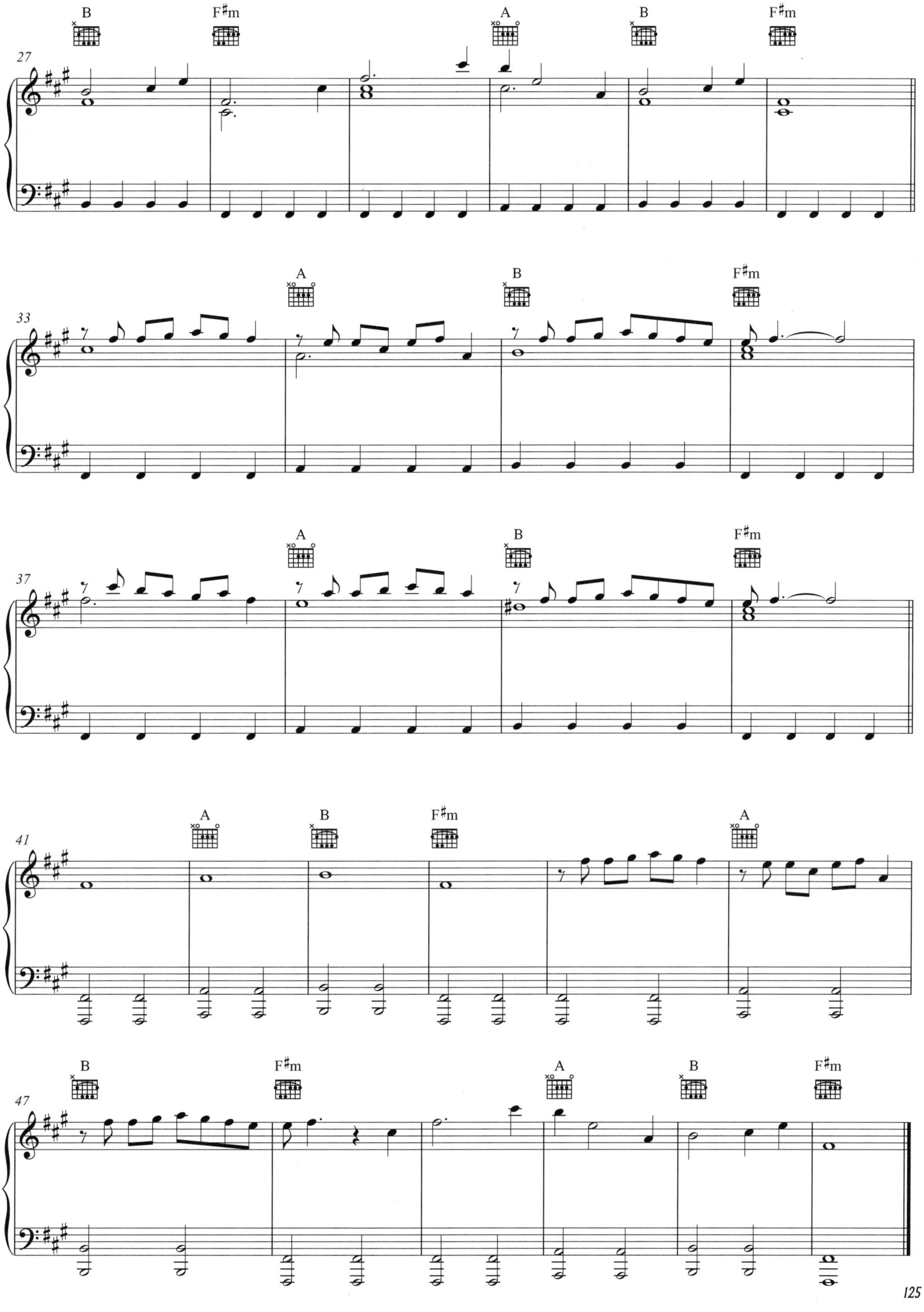
27
B F♯m A B F♯m
33
A B F♯m
37
A B F♯m
41
A B F♯m A
47
B F♯m A B F♯m

Neuland:

Dieses Lied ist instrumental gehalten, wie es schon von Anfang an bei Unheilig Tradition ist. Es rundet alles ab und nimmt verschiedene Melodien der
vergangenen Lieder wieder zu einem eigenständigen Song auf. Sinnbildlich
steht es dafür, am Ende der Reise doch alles gut überstanden zu haben und
das ersehnte Neuland und seinen Platz gefunden zu haben.

Im Grunde, wie im Abspann eines Filmes, sollen auch hier durch das instrumental gehaltene Geflecht der Musik die Emotionen, welche beim Hören der
vorherigen Lieder erweckt wurden, wieder aufgegriffen werden. Eine Art Erinnerung an das Gefühlte und Gehörte. Eine Art Rückblick auf das, was war.

Gedanken und Erinnerungen bleiben immer in einem Menschen verinner-
licht. Wir nehmen sie mit, egal wohin der Weg uns auch führt.
Neuland handelt davon, nach einer langen Suche einen Neuanfang zu starten.